Bardziej być

To Be More

by

Eliza Segiet

inner child press, ltd.

Credits

Author
Eliza Segiet

Translated by
Artur Komoter

Preface
Kinga Młynarska

Cover Photograph
Piotr Karczewski

Cover Design
William S. Peters Sr.
inner child press, ltd.

~ * ~

Editing Department Disclaimer: This volume has not been fully edited by our editorial staff. All editing was performed by the author in collaboration with Inner Child Press.

hülya n. yılmaz, Ph.D.

Director of Editing Services
Inner Child Press International

To Be More

Eliza Segiet

1st Edition: 2021

Publisher Information

1st Edition: Inner Child Press
intouch@innerchildpress.com
www.innerchildpress.com

ISBN-13: 978-1-952081-46-0 (inner child press, ltd.)

$ 16.95

Poezja jest najpiękniejsza
bez orkiestry szeptów, szelestów
- otulona w zamyślenie.

Poetry is most beautiful
without an orchestra of whispers,
rustles
- swathed in thoughtfulness.

Table of Contents

The Poetry

Table of Contents . . . *continued*

Table of Contents . . . *continued*

Table of Contents . . . *continued*

Table of Contents . . . *continued*

Table of Contents . . . *continued*

Epilogue

Przedmowa

Po lirycznym dyptyku o tematyce okołowojennej ("Magnetyczni" oraz, "Nieparzyści") **Eliza Segiet** powraca z **„Bardziej być"** – kolejnym tomem wierszy tworzącym spójną opowieść. Tym razem obok podmiotu-przewodnika (filozof, mędrzec, miłośnik sztuki, natury i człowieka), prowadzącego nas po świecie poetyckim Segiet, mamy też żeński podmiot. Na naszych oczach kobieta będzie się przeobrażać ze zniewolonej istoty, szukającej potwierdzenia własnej wartości w czyjejś akceptacji w pewną siebie „podróżniczkę" (po świecie, ale i w głąb własnego ja), świadomą swojej wewnętrznej siły.

Bardziej być" można odczytywać jako swoistą biografię kobiety doświadczonej przez los. Wyzwolona z toksycznego związku powoli staje na nogi. Zyskuje świadomość swojego ciała, wartości, jaką stanowi oraz własnych możliwości. Doskwiera jej osamotnienie, bo przecież wcześniej otaczała się bliskimi, oddawała całą siebie partnerowi, dzieciom, przyjaciołom. A teraz przyszedł czas, kiedy została sama. Miłość okazała się kłamstwem, liczne przyjaźnie – *iluzją*. Paradoksalnie, to ta dojmująca samotność pozwala podmiotowi na świeże spojrzenie, na ocenę własnego życia z dystansu. Kobieta wie, że czas nie działa na niczyją korzyść, że wraz z wiekiem coraz więcej nas ogranicza, dlatego nie zwleka i bierze sprawy w swoje ręce, pragnie… *bardziej być*.

Choć nie ma tu wyraźnego (choćby graficznego) podziału, to jednak możemy wyodrębnić dwie części tej lirycznej opowieści. W moim odbiorze ta druga rozpoczyna się od wiersza „Nowe otwarcie", gdzie kobieta (podmiot-bohaterka) wyrusza w swoistą podróż życia. Od tego momentu Segiet pokazuje nam szereg lirycznych widokówek. Jednak, poza atrakcyjnymi miejscami i hipnotycznymi pejzażami, poetka wskazuje też na to, co dzieje się w tle tych krajobrazów. Obok naturalnych eksponatów, historycznych *śladów* czy artefaktów turysta może obejrzeć też te współczesne, budzące wstyd *pomniki własnej głupoty*.

Istotnym tematem w „Bardziej być" jest opozycja prawda – fałsz. Poetka piętnuje wszelkie przejawy kłamstwa – m.in. wszystkich pseudotwórców, którzy bazują na czyimś dorobku (*cieniom nie stawia się pomników*) czy oszustów wykorzystujących innych w celu zdobycia jakichś korzyści (fałszywe przyjaźnie). Zauważa też, że ukrywanie prawdy może być zjawiskiem bardzo skomplikowanym (np. dyktowanym wstydem lub strachem). Segiet jest także świadoma, że współczesny świat, coraz bardziej wirtualny, sprzyja takiemu modelowi życia (m.in. przybieranie tożsamości w zależności od okoliczności). Autorka ubolewa nad zatracaniem wszelkich wartości, mających swoje źródło w greckim kanonie etycznym (dobro, piękno, prawda).

Niezwykle wiele ważnych kwestii porusza w tym tomie autorka „Bezgłośnych". Bo i wypowiada się w sprawie równouprawnienia (nie tylko w ujęciu feministycznym) czy wszechobecnej ignorancji, np. w kwestiach ekologii, prowadzącej nas do autodestrukcji, i zwraca uwagę np. na nasze pasje, dla których ryzykuje się życie, na twórcze działanie, ale i kopiowanie (*być jasnością czy odblaskiem?*), na relacje interpersonalne (np. brak zainteresowania osobami starszymi), na stosunek ludzi do zwierząt i przyrody w ogóle (*dla zwierząt człowiek to śmierć, / dla człowieka / – zwierzę to życie*). Poetka zauważa też zanik ambicji i wartości u współczesnych, obojętność na problemy innych (np. w krajach Trzeciego Świata).

Nie brakuje tu także charakterystycznych dla liryki Segiet tematów, jak miłość (w różnych ujęciach), upływ czasu, filozofia oraz Człowiek ze wszystkimi swoimi niedoskonałościami, bolączkami, lękami, ale i pragnieniami, sukcesami. Człowiek, który wiecznie się uczy, testuje własne możliwości, przekracza granice i nieustannie jest w drodze ku (samo)poznaniu.

W poezji Elizy Segiet nieustannie pobrzmiewają głosy osób, które na co dzień milczą, z różnych powodów. Są to m.in. ofiary prześladowań, przemocy domowej, niepełnosprawni, osoby o niskiej samoocenie, zmarli itp. Poetka oddaje głos ich lirycznym symbolom wierząc, że literatura ma moc oddziaływania na czytelników, że potrafi zatrzymać i zmusić do refleksji. Jednak Segiet mówi nie tylko w imieniu ludzi, pochyla się też nad tym, co tego głosu nie ma w ogóle – a więc, ogólnie mówiąc, nad przyrodą (ważny, choć tylko zasygnalizowany, motyw dbania o środowisko).

Świat wartości Segiet jest klarowny. Poetka, jak jej żeński podmiot, staje się orędowniczką *pokoju, równości i miłości*. Tu nie ma miejsca na *kłamliwe obietnice, przypadkowe ciosy* czy *polowania na Człowieka*. Poetka opowiada się za miłością, bo to w niej upatruje źródła szczęśliwego współżycia ludzi i tego, co ich otacza. Kochać drugiego człowieka – tak mało, a dla niektórych jednak zbyt wiele. Kochać siebie i kochać przestrzeń, po jakiej się poruszamy – to najważniejsze bodaj przesłanie płynące z „Bardziej być".

Kinga Młynarska

Preface

After a lyrical diptych about war-related issues ("Magnetic People" and "Unpaired"), **Eliza Segiet** returns with **"To Be More"** – another volume of poetry creating a coherent story. This time, next to the subject-guide (philosopher, thinker; art, nature and human lover), who guides us through the poetic world of Segiet, we also have a female subject. Before our very eyes, a woman will be transformed from an enslaved being, seeking confirmation of her own worth in someone's acceptance, into a self-confident "traveler" (around the world, but also into her own self), aware of her inner strength.

"To Be More" can be read as a biography of a woman put through fate. Liberated from a toxic relationship, she slowly stands on her own two feet. She gains awareness of her body, her value and her own abilities. Loneliness disturbs her, because she had surrounded herself with her loved ones before; she gave her whole self to her partner, children, friends. And now the time has come when she was alone. Love turned out to be a lie, many friendships – *an illusion*. Paradoxically, this overwhelming loneliness allows the subject to take a fresh look, to assess her own life from a distance. The woman knows that time does not work in anyone's favor, that with age, more and more things limit us, therefore she does not delay and takes matters into her own hands: she wants... *to be more.*

Although there is no clear (even graphic) division, we can distinguish two parts of this lyrical story. In my view, the latter begins with the poem "New Opening", where the woman (subject-heroine) sets out on a journey of the lifetime. From that moment, Segiet shows us a number of lyrical postcards. However, in addition to attractive places and hypnotic landscapes, the poetess also indicates what is happening in the background of these landscapes. In addition to natural exhibits, historical *trails* or artifacts, tourists can also see these contemporary, shameful *monuments of their own stupidity.*

An important topic in "To Be More" is the opposition of truth – deceit. The poetess condemns all manifestations of lies – including all pseudo-creators who rely on someone else's achievements (*no shadows have monuments erected*) or cheaters using others to gain some benefits (false friendships). She also notes that hiding the truth can be a very complicated phenomenon (e.g. dictated by shame or fear). Segiet is also aware that the modern world, more and more virtual, is conducive to such a model of life (including assuming an identity depending on the circumstances). The author is troubled by the loss of all values that have their source in the Greek moral canon (good, beauty, truth).

The author of "Voiceless" raises a lot of important issues in this volume. She speaks about equality (not only in feminist terms) and omnipresent ignorance, e.g. in matters of ecology that leads us to self-destruction, and draws attention to, for example, our passions for which life is risked, and to creative activities, but also copying (*to be the brightness or the reflection?*), interpersonal relations (e.g. lack of interest in the elderly), to the attitude of people towards animals and nature in general (*for animals, the human is death / for the human / – the animal is life*). The poetess also notes the disappearance of ambition and values in contemporary people, indifference to the problems of others (e.g. in Third World countries).

There are also typical themes of Segiet's lyric poetry, such as love (from different angles), the passage of time, philosophy and the Human with all their imperfections, ills, fears, but also desires, successes. Human who learns forever, tests their own abilities, crosses borders and is constantly on their way to (self)knowledge.

Eliza Segiet's poetry resonates with the voices of people who are silent every day for various reasons. These include victims of persecution, domestic violence, the disabled, people with low self-esteem, the deceased, etc. The poetess gives voice to their lyrical symbols, believing that literature has the power to influence the readers, that she can stop and force them to reflect. However, Segiet speaks not only on behalf of people, but also bows over what does not have this voice at all – generally speaking, over nature (an important, though only signaled, motive for caring for the environment).

The world of Segiet's values is articulate. The poetess, like her female subject, becomes an advocate of *peace, equality and love*. There is no place for *false promises*, *accidental blows* or *a Human-hunt*. The poetess is in favor of love, because she sees in it the sources of happy symbiosis between people and what surrounds them. To love another person – so little, but too much for some. To love yourself and love the space we move in – this is probably the most important message from "To Be More".

Kinga Młynarska

Bardziej być

To Be More

by

Eliza Segiet

Eliza Segiet

The Poetry

Szacunek

Dla ciebie
to tylko odskocznia od codzienności,
igraszki nie tylko słowne,
zabawa.
Obietnice,
w które naiwnie wierzy.
Niepotrzebnie
zrobiłeś z niej posłuszną marionetkę.

Wiesz, że
w spragnionej miłości kobiecie
namiętnością
nie wolno rozpalać nadziei.

Granice przyzwoitości
nie wymagają odwagi
– lecz szacunku dla drugiego.

Respect

For you
it's just a stepping stone from everyday life,
not just verbal games,
fun.
Promises
she believes in naively.
Unnecessarily
you have made an obedient puppet out of her.

You know that
in a woman thirsty for love
one is not allowed
to ignite hope by passion.

Limits of decency
do not require courage
– but respect for the other.

Wyznania

W sobie masz tylko zło.
Samo zło.
Pamiętaj
– już nigdy nie pozwoli
na takie traktowanie.
Nie dosięgną jej twoje ręce,
nie zranią słowa.

– Przecież nie chciałem.
To stało się przez przypadek.

– Milcz!
Jeszcze leczy *przypadkowe* ciosy,
a w jej uszach
dźwięczą wyznania nienawiści.

Confessions

You only have evil in you.
Pure evil.
Remember
– she will never allow
such treatment again.
Your hands will not reach her,
words will not hurt her.

– I did not want to.
It happened by accident.

– Silence!
She is still healing *accidental* blows,
and confessions of hate ring in the ears.

Strata

Nie jest tak,
że przestała o tobie myśleć.
Może w twojej pamięci
ona już blednie.

Dla niej
wciąż jesteś
– już nie sensem istnienia,
lecz przestrogą.

Jaką? O czym mówisz?
Nic jej nie zrobiłem.

Oprócz kłamliwych obietnic
dałeś te dni,
w których byłeś naprawdę.

Choć pamięta twój dotyk,
już nie wierzy,
że był prawdziwy.

Loss

It's not that
she has stopped thinking about you.
Maybe in your memory
she is wan.

For her
you are still
– not the meaning of existence,
but a warning.

A what? What are you talking about?
I didn't do anything to her.

Apart from the false promises,
you gave her those days
in which you really were.

Although she remembers your touch,
she no longer believes
it was real.

Sploty

Szeleszczą w niej wspomnienia,
ale wie, że
on jest tam, gdzie jego miejsce –
przy tej, której nie kocha, a z nią jest,
przy tej,
którą zdradza.

Wykąpany, wypoczęty,
gotowy na nowe doznania,
każdego dnia
wychodził załatwiać sprawy.

Nie chce już być tą drugą,
trzecią, kolejną…

Pozostały wspomnienia
– te sploty wspólnego czasu
i żal, że
zawsze wracał tam, skąd przychodził.

Był dla niej wszystkim,
ona
– urozmaiceniem monotonii.

Tangles

Memories rustle in her,
but she knows
he is where he belongs –
with the one he doesn't love
but is with,
with the one
he cheats on.

Bathed, rested,
ready for new experiences,
every day
he went out to handle affairs.

She doesn't want to be the second,
third, or next one anymore…

Memories remain
– those tangles of common time
and regret that
he always went back to where
he came from.

He was everything to her,
she
– a variety to the monotony.

Troska

Cisza
pozwoliła przywołać
ulotny powiew przeszłości.
Zasłuchana w siebie,
milczała.

Podnosząc się z kolan,
wiedziała, że troską
może zatrzymać rzeczywistość.
Na zakręcie życia
zrozumiała,
że jutro zależy od niej.

Walczyła
nie o swoje przetrwanie.

Concern

The silence
brought back
a volatile draft of the past.
Listening to herself,
she was silent.

Rising from her knees,
she knew that with concern
she could stop reality.
At the turn of her life,
she realized
that tomorrow depends on her.

She fought
not for her survival.

Spokój

Można mieć wiele radości,
spokój zawsze jeden.

Tak nie jest?

Uspokojona, bo
dzieci
– mają pracę,
rodzinę.

Jednak
gdzieś niepokój drąży myśli.

Z kim dzielić się radościami?

W parze
z jej samotnością są tylko łzy.

Peace

You can have a lot of joy,
but always one peace.

Is that not so?

She is calm, because
the children
– have a job,
a family.

However,
somewhere, anxiety tunnels into
the thoughts.

With whom to share the joys with?

Together
with her loneliness are only tears.

Pozory

Otuleni w niedopowiedzenia,
po latach dostrzegamy

– nie wszystko jest takie,
jak myśleliśmy.

Kiedy byliśmy potrzebni
– byli z nami.

Teraz już
nie marnują czasu
– odchodzą.

Pozorni, wierni przyjaciele
mają swoje plany.

Appearance

Mantled with understatements,
after the years we see that

– not everything is as
we thought.

When we were needed
– they were with us.

Now
they don't waste time
– they leave.

Apparent, loyal friends
have their own plans.

Zmarszczka

Czy jest sens?
Może tylko na próbę?

Wskrzeszanie przyjaźni
jest jak
wypełnianie wydmuszki.
Zawsze pozostanie jakaś
wyrwa, pustka,
która
nie pozwoli na powrót
do stanu sprzed.

Próba
pozornie może się udać,
lecz
bolesna zmarszczka wewnątrz
kiedyś zmartwychwstanie.

Crease

Is there any sense?
Maybe just for a try?

Resurrecting friendship
is like
filling a blown egg.
There will always be
a gap, void,
that
will not allow you to return
to the state it was before.

An attempt
may seemingly succeed,
but
the painful crease inside
will someday resurrect.

Kontury

Teraz już
nic od niej nie potrzebują,
nie mają po co dzwonić
przecież
zawsze sobie radziła,
a im
– dobrze bez niej.

Kolejny raz zrozumiała,
że przyjaźń
była iluzją.

Po latach pamięta
już tylko kontury
rąk wyciąganych w potrzebie.

Kiedyś,
dźwięk telefonu
przecinał jej ciszę,
teraz
– została tylko ona.

Contours

Now
they don't need anything from her,
they have no reason to call
after all
she could always manage,
and they
– are fine without her.

Once again, she understood
that friendship
was an illusion.

After the years, she remembers
only the contours
of hands outstretched in need.

Once,
the sound of the phone
cut through her silence,
now
– only she remains.

Samopoczucie

Ile z tego jest na pokaz?
Dla jakiegoś niego,
dla jakiejś niej?

Mała część dla przyjemności.
Może dla samej siebie?
Podobno dla poprawy humoru.

W przepełnionych szafach
– wspomnienia balu maturalnego.

Wysokie obcasy
przypominają i odstraszają.

Spacer?

Nie teraz,
już nie dziś.

Może
jutro nogi poniosą
choć na drugą stronę ulicy?

Może
jeszcze ktoś pamięta
tamtą dziewczynę,
co

Well-Being

How much of this is for a show?
For a him,
for a her?

A small part for pleasure.
Maybe for herself?
Apparently for better humor.

In overcrowded closets
– memories of the prom.

High heels
remind and deter.

A walk?

Not now,
not today.

Maybe
tomorrow the legs
will lead across the street?

Maybe
someone still remembers
that girl,
which,

nie dla siebie,
a dla innych
nosiła podniesioną głowę.

Choć po latach
zrozumiała,
że wszystko było potrzebne

dla własnego samopoczucia.

To Be More

not for herself,
but for others
held her head high.

Although years later
she understood
that everything was needed

for her own well-being.

Dal

To, co łączyło ją z życiem
zawsze było tylko
– pragnieniem niemożliwego.

Znikąd nie mogła wyruszyć w dal.

Zastanawiała się,
czy marzenia są po to,
by tylko były?

A może,
by wierzyć,
że czasem się spełniają?

Wzdychała do gwiazd
i – jak one –
powoli gasła.

Distance

What connected her with life
has always only been
– the desire for the impossible.

Out of nowhere she could not go
into the distance.

She wondered
if dreams are only there
to just be?

Or maybe
to believe
that sometimes they come true?

She gasped at the stars
 and – like them –
slowly faded.

Głos

Nie chciała być niewidoczna,
uważana za słabszą.
Postanowiła być kreatywna.
Zaczęła walczyć
o swoją wolność i niezależność.

Kiedy już wyszła
ze swojego niby bezpiecznego świata,
zobaczyła krzywdy, jakie dzieją się wokół.

Potrafiła myśleć,
odróżniała dobro od zła.

Teraz walczy
o pokój, równość i miłość.

Przestała być tylko żoną i matką.
Jest kobietą,
która odzyskała nazwisko,
i z nim pokazuje światu,
że pełna szafa butów i spódnica
nie są przeszkodą
– by mieć głos.

Voice

She did not want to be invisible,
considered a weaker one.
She decided to be creative.
She began to fight
for her freedom and independence.

When she came
out of her supposedly safe world,
she saw the wrongs that are happening around.

She could think,
she distinguished good from evil.

Now she is fighting
for peace, equality and love.

She ceased to be just a wife and a mother.
She is a woman
who regained her surname,
and with it shows to the world
that a wardrobe full of shoes, and a skirt
 are not obstacles
– to have a voice.

Cisza przestrzeni

Wypełniona słońcem
cisza przestrzeni
dopełnia tęsknotę
za młodością.
Dni, które były,
są w niej.

W labiryncie wspomnień,
odnalazła popełnione błędy.
Zawsze oczekiwała
jakiegoś końca,
początku, że coś, że komuś…

Teraz
cieszy się chwilą,
w której bezkarnie
może odpowiedzieć:
nie!

To nie wymaga już odwagi.
Dorosła do takich słów.

Tak
mówiła przez całe lata,
teraz wszystko się zmieniło.

Silence of Space

Sun-filled
silence of space
completes the longing
for youth.
Days that were,
are within it.

In the maze of memories,
she found the mistakes she had made.
She always expected
some ending,
a beginning, that something, someone…

Now
she is enjoying the moment
when she can answer
with impunity:
no!

It no longer requires courage.
She has grown up to such words.

Yes
she said for years,
now everything has changed.

Mit

Nie ma już mitu,
że kobieta to dom, rodzina,
uzależnienie od władzy męża.

Nie ma już mitu,
że oni są lepsi,
że mogą więcej.

One też mogą
realizować marzenia.

Nie ma już mitu,
że jej miejsce to podziemie.

One i oni
to Ludzie
z wolną wolą,
prawem decyzji.

Myth

There is no longer a myth
that a woman is a home, family,
dependence on husband's power.

There is no longer a myth
that the latter are better,
that they can do more.

The former can also
make dreams come true.

There is no longer a myth
that her place is the underground.

Women and men
are People
with free will,
with the right to decide.

Bój

Unieszczęśliwiała ją
uporczywość rojeń o szczęściu.
Wymyśliła,
że kiedy osiągnie ten stan,
to na zawsze.

Każda porażka
odbierała jej siły.

Nieprzygotowana do boju,
wciąż traciła nadzieję.

Dopiero kiedy zrozumiała,
że w świecie nie ma nic stałego,
zaczęła cieszyć się każdym dniem.

Battle

She was made unhappy
by the persistence of daydreaming
about happiness.
She figured out
that when she reaches that state,
it would be forever.

Each defeat
took away her strength.

Unprepared for battle,
she was still losing hope.

Only when she realized
that nothing is abiding in the world,
she started to enjoy every day.

Nowe otwarcie

Przestała planować,
oczekiwać i marzyć.
Jej monotonny czas
stawał się przytłaczający.

Wieczorami szeptała:
– Już bez przyszłości.
Czas umierać?

Wszystko poza nią?

Jeszcze nie jest zbyt późno,
by coś zrobić,
poznać ułamek tajemnic świata.

Każdy dzień
to nowe otwarcie
– nie pora, by zamknąć tęsknoty
w niezrealizowaniu.

Na początek wybrała Gruzję.
Zachwycona pięknem
Tbilisi, Batumi, Poti
– oddychała pełniej.

Już wiedziała, że
wiatrem jej siły
staną się
wcześniej nieosiągalne cele.

New Opening

She stopped planning,
waiting and dreaming.
Her monotonous time
it became overwhelming.

In the evenings she whispered:
– *No future anymore.*
Time to die?

Everything apart from her?

It is not too late yet
to do something,
to get to know a fraction
of the world's secrets.

Every day is
a new opening
– not a time to shut the longings
in unaccomplishment.

In the beginning she chose Georgia.
Delighted with the beauty of
Tbilisi, Batumi, Poti
– she breathed more fully.

She already knew that
the wind of her strength
will become the
previously unattainable goals.

Na zawsze

Pamięci Tych, którzy tam zostali

Z miłości do gór
idą w trudno dostępne miejsca
– spełniać marzenia:

być ponad chmurami,
doświadczać inaczej,
zobaczyć więcej.

Z miłości do gór
– ryzykują.
Niektórzy zdobywają
niegościnne szczyty.
Spragnieni przygód
wciąż próbują.

Kazbek, Elbrus
to nie tylko ich plany
– to cele.

Porządek
pragnień i pewności.
Pomimo wszystko warto.
Język czasu
pokaże, kto dotarł,
a kto nie podołał.

Z miłości do gór
wracają

albo zostają na zawsze.

Forever

In memory of Those who stayed there

For the love of the mountains
they go to places hard to reach
– to make dreams come true:

to be above the clouds,
to experience differently,
to see more.

For the love of the mountains
– they take risk.
Some of them reach
inhospitable summits.
Thirsty for adventures,
they are still trying.

Kazbek, Elbrus
are not just their plans
– they are the goals.

An order
of desires and certainty.
Despite everything, it's worth it.
The language of time
will show who has arrived
and who has not managed.

For the love of the mountains
they return

or they stay forever.

Eliza Segiet

Niekompletni

W skalnym oknie
owiewał nas wiatr.

Marsjański krajobraz
galaktycznej pustyni,
słońcem spowity piasek –
zostaną niezapomnieniem.

Wypełnieni echem
wielobarwnych skał,
jesteśmy bardziej świadomi.

Żeby żyć –
nie trzeba mieć wiele.

Otoczeni artefaktami
– bez wspomnień będziemy
niekompletni.

Incomplete

In the rocky window
we were enfolded
by the wind.

The Martian landscape
of the galactic desert,
sun-scorched sand –
will be a remembering.

Filled with an echo
of multi-colored rocks,
we are more aware.

To live –
one does not need much.

Surrounded by artifacts
– without memories we will be
incomplete.

Kanion

Przed wiekami zatrzymane
naskalne znaki:
stopy, kozica, wielbłąd...
bezgłośnie krzyczą:
– człowiek zostawił ślad.

Był,
jest i będzie
ten,
który przejdzie do historii –
dla jednych
człowiek myślący,
bo narysował,

dla innych
bezmyślny wandal,
bo zniszczył.

Przed wiekami zatrzymane
naskalne znaki
bezgłośnie krzyczą:

– nie pomagaj erozji.
Wszystko samo przeminie.

Canyon

Locked in centuries ago
rock marks:
feet, chamois, camel...
soundlessly shout:
– the human left a trail.

There was,
is and will be
the one
who will go down in history –
for some
a thinking human,
because he drew,

for others
a mindless vandal,
because he destroyed.

Locked in centuries ago
rock marks
soundlessly shout:

– do not help erosion.
Everything will pass on its own.

Natura

Mozaika obrazów świata
uzmysławia różnorodność przyrody.
U nas jest biel i lód,
u was zieleń i woda,
gdzie indziej piaszczyste wydmy.

Dla jednych śnieg
to tylko słowo,
dla innych – biel i zimno.

Dla nas
to natura, w której żyjemy od pokoleń.
W tej monotonii dostrzegamy różnice,
widzimy pęknięcia lodu,
czujemy smaki powietrza.
Nawet w śnieżnej zadymie
potrafimy wrócić do igloo.

Dla nas śnieg to nie tylko słowo
– to smak życia.

Nature

The mosaic of the world's images
sensualizes the diversity of nature.
We have whiteness and ice,
you have greenness and water,
sand dunes elsewhere.

For some, snow
is just a word,
for others – white and cold.

For us,
it's nature which we live in
for generations.
In this monotony we notice differences,
we see cracks in the ice,
we sense the taste of air.
Even in a snowstorm
we can return to the igloo.

For us snow is not just a word
– it's a taste of life.

Lodowy świat

Na bezleśnym lądzie,
w mroźnej krainie czarów
zadziwia wszystko:

fiordy, zatoki, lodowce,
w oceanie narwal –
jednorożec morza.

Na dryfującym lodzie
niedźwiedź polarny –
król Arktyki.

Igloo – dom Ludzi śniegu.

Dla zwierząt człowiek to śmierć,
dla człowieka
– zwierzę to życie.

Ice World

On forestless land,
in a cold wonderland,
amazes everything:

fjords, bays, glaciers,
narwhal in the ocean –
unicorn of the sea.

On the drifting ice
a polar bear –
king of the Arctic.

Igloo – home of the snow People.

For animals, the human is death,
for the human
– the animal is life.

Echo

Na skalnych ścianach,
zawieszone trumny.
Dawno temu opłakani
łączą
przeszłość z teraźniejszością.

Przygotowani,
by dusza miała bliżej do nieba?
Nagrodzeni za dobre życie?

Może tylko po to,
by dać im ciszę i spokój,
kiedy już sami milczą?

W dolinie Echo
wciąż żywe
odgłosy dziejów.

Przygotowani
na niezapomnienie,
wiszą
nie po to, by zachwycać.

Zadziwiają!

Echo

On the rocky walls
suspended coffins.
Long ago mourned
they connect
the past with the present.

Prepared
for the soul to be closer to heaven?
Awarded for a good life?

Maybe just to
give them silence and peace,
when they themselves are silent?

In the Echo valley
still are alive
the sounds of history.

Prepared
for remembrance,
they hang
not to delight.

But to amaze!

Przygoda

Pomiędzy Przesmykiem Panamskim,
dookolną wodą,
okruchy dawnej cywilizacji,
przyroda silniejsza od człowieka.

Wodospady przyciągają zaciekawionych,
pokazują
swoją siłę i bezsilność człowieka
wobec nich.

Wyłaniające się z mgieł
różnobarwne skały,
czasem w słońcu
mienią się niejedną tęczą.
Spieniona burza wodna
rozbudza wyobraźnię.
Ile osób to widziało,
ile jeszcze zobaczy?

Pływające
na jeziorach ogrody zachwycają.

Wiele by pisać o tej części świata...
Lepiej jej doświadczyć.

Dawniej poszukiwano El Dorado,
dzisiaj
– witaj, przygodo
na skalnej półce z tyłu wielkiej wody.

Adventure

Between the Panamanian Passage,
the surrounding water,
fragments of ancient civilization,
nature stronger than man.

Waterfalls attract the curious,
they show
their strength and powerlessness
of the human
towards them.

Emerging from the mists
variegated rocks,
sometimes in the sun
glisten with not one rainbow.
A surfy water storm
awakens the imagination.
How many people saw it,
How many more will see?

Gardens
floating on the lakes delight.

A lot to write about this part of the world...
It's better to experience it.

In the past, El Dorado was sought for
today
– hello, adventure
on the ledge behind the great water.

Pod powierzchnią

W skwarnej ciszy,
zapracowani,
spragnieni klejnotów
drążą niepewną przyszłość.
Niepokój poszukiwaczy znika
wraz
z opalizacją odkrytego kamienia.

Szukają dalej

– jeden to zbyt mało.

By spełniać marzenia o bogactwie,
osiedlają się w podziemnym
Coober Pedy.

Tam,
na pustyni,
lepiej mieszkać pod powierzchnią
– im niżej tym chłodniej
być może
– im głębiej tym bliżej do kamiennej zdobyczy.
Drążą kolejne korytarze nadziei,
by móc powiedzieć
mam wszystko. Świat może być mój.
Gorzej, gdy u schyłku życia
zrozumieją, że

– żadne zdobycze
nie wskrzeszą utraconego czasu.

Below the Surface

In the blistering silence,
deedy,
thirsty for gems,
they burrow an uncertain future.
The unrest of the seekers disappears
with
the opalescence of the uncovered stone.

They keep looking

– one is not enough.

To fulfill their dreams of wealth,
they settle in the underground
Coober Pedy.

There,
in the desert,
it is better to live below the surface
– the lower the cooler
maybe
– the deeper the closer to the stone prize.
They burrow more corridors of hope
to say
I have everything. The world can be mine.
Worse, when at the decline of life
they understand that

– no loot
will resurrect lost time.

Mieć mniej

Wieczorem
pośród zaułków
sączy się muzyka,
głos Cesárii Évory

zachwyca i wycisza.

Na twarzach
maluje się radość.

Tutaj wszystko jest:
– *no problem,*
– *no stress.*

Zatopieni w zachwycie
nigdzie nie widzą zła,
nie dzielą czasu

– jest ich.

Skłębione problemy
stają się niebytem.

Tutaj zrozumieli,

że
– mieć mniej
znaczy
bardziej być.

To Have Less

In the evening
through the alleys
seeps the music,
Cesária Évora's voice

delights and calms.

Joy is painted
on the faces.

Here everything is:
– no problem,
– no stress.

Sunk in delight,
nowhere do they see evil,
they do not share time

– it is theirs.

Tangled problems
become nothing.

Here they understood
that

to
– have less
means
to be more.

Tubylcy

W słońcu,
mienią się złote piaski plaż.
Wokół wypalonej od żaru ziemi
– skrawki koloru,
przywołującego nazwę wysp.

Zielenią się boiska
i przyhotelowe place,
brązowieją ciała przybyszów.

Uśmiechnięci tubylcy
uświadamiają
jak mało trzeba,
by cieszyć się chwilą.

Jak mało,
– by radość
odkryć w sobie.

Locals

In the sun,
flicker the golden sands of the beaches.
Around the earth scorched from the heat
– patches of color,
evoking the name of the islands.

Fields and hotel plazas
turning green,
bodies of the newcomers
turning brown.

Smiling locals
point out
how little you need
to enjoy the moment.

How little,
– to discover
joy in yourself.

Czeluść zapomnienia

Wciąż poszukują
skarbów przeszłości,
by
dotknąć
– zrozumieć
ogrom myśli i pracy ludzkiej.

W mrocznym królestwie
na powrót w stronę światła
czekają
bezgłośnie uśmiercone dzieje.

Wydobyć z czeluści zapomnienia,
dać nowe życie
– przywrócić pamięć.

Pośród saharyjskich piachów
dawno utracona cywilizacja
nie pozwala o sobie zapomnieć.

Świat
potrzebuje świadectw,
by przybliżyć
skryte tajemnice.

Abyss of Oblivion

They still look
for the treasures of the past
to
touch
– understand
the enormity of the human
thought and work.

In the dark kingdom
for a return towards the light
await
the silently slain acts.

To extract from the abyss of oblivion,
to give a new life
– to restore the memory.

Among the Saharan sands,
a long-lost civilization
does not allow itself to be
forgotten.

The world
needs testimonies
to draw near
the hidden secrets.

Matka Natura

Tam,
gdzie słone jeziora
ukrywają źródła,
tam,
gdzie ziemia
pokazuje swoje życie
– oczarowani zastygamy.

Dzieje się magia kolorów.

Dallol fascynuje,
Afarowie widzą go na co dzień.

Nie marnieją nadzieje,
że kiedyś,
jeszcze nieodarty z piękna
ziemsko nieziemski skrawek świata
zachwyci nie tylko tubylców
ale i tych, którzy odwiedzą to miejsce
i nie zostawią po sobie
cywilizacyjnych pomników
własnej głupoty.

Mother Nature

Where
the salty lakes
hide their springs,
where
the earth
shows its life
– enchanted we congeal.

The magic of colors is happening.

Dallol fascinates,
the Afars see it every day.

The hopes do not languish
that one day,
not yet stripped of beauty,
the terrestrial extraterrestrial patch
of the world
will delight not only the natives
but those who will visit this place
and not leave behind
civilizational monuments
of their own stupidity.

Blask oczu

Ciekawi świata,
ze schłodzonym napojem w dłoni,
podziwiają czarny ląd,
a widok spękanej ziemi
dopełnia ich potrzeby.

W tym samym czasie
wychudzone,
oblepione muchami
dzieci walczą o życie.

A oni tam są.
Pośród wszechobecnej biedy
widzą magię światła,
dopiero później blask oczu
pięknych afrykańskich kobiet.

One od lat w tym samym miejscu,
te same potrzeby i ciągły brak wody.
– Tak niewiele
i tak wiele,
by móc żyć.

Glow of the Eyes

Curious about the world,
with a chilled drink in hand
they admire the black land,
and the sight of the creviced earth
completes their needs.

At the same time
emaciated,
covered with flies,
children are fighting for life.

And they are there.
In the midst of ubiquitous poverty,
they see the magic of light,
and only later the glow of the eyes
of beautiful African women.

They are in the same place for years,
the same needs and a constant lack of water.
– So little
and not so little
to be able to live.

Natłok

Uciekła z miejsca,
gdzie wielkomiejski gwar
przestał kusić sobą,
gdzie rozświetlone ulice
już nie wzruszały.

Neonowy natłok reklam
zbędnych,
okazyjnych rzeczy,
już nie wabił.

Tak ciężko
było żyć w zgiełku.

Kocha ciszę –
teraz tylko ona
jest jej przyjaciółką.

Może coś więcej,
ale nie zdradza.
bo spragnieni raju
przybędą,
by nieświadomie naruszyć
gniazdo spokoju.

Barrage

She escaped from a place,
where the urban bustle
ceased to tempt her,
where the lit streets
no longer agitated.

Neon barrage of ads
of unnecessary,
bargain items
no longer lured.

It was so hard
to live in the hustle and bustle.

She loves silence –
now it is
her only friend.

Maybe something more,
but she doesn't give away.
for they will come thirsting
for paradise
to unwittingly break
the nest of peace.

Królestwo

Przez człowieka
skazane na śmierć drzewa
nie mają głosu.

Milczą.

Przestają być
Zielonymi Płucami Świata.

Stają się tylko drewnem,
które nie pomaga Ziemi,
wygasłym
królestwem oddechu

– pustką niszczycieli!

Kingdom

Man-doomed
trees
have no voice.

They are silent.

They stop being
the Green Lungs of the World.

They become just wood
that does not help Earth,
an extinguished
kingdom of breath

– a void of destroyers!

Być sobą

Pomiędzy lądami
dzieje się życie,
pod krystaliczną taflą –
inny świat.

Wielobarwne,
zachwycające poruszenie,
którego można stać się częścią.

Przez parę chwil
oddychać inaczej,
widzieć bliżej,
doznawać po nowemu.

W bezmiarze toni
toczy się podwodna magia.

Choć na moment zapomnieć,
że nasze miejsce jest powyżej,

tam, gdzie wdech i wydech
nie wymagają myślenia.
Tam, gdzie potrzeby
są coraz większe.

Zostać rybą,
wzbudzać zachwyt,
nie przekraczać własnych możliwości.

Be Yourself

Between the lands,
life occurs,
under the crystal panel –
another world.

A multi-colored,
delightful agitation
that one can become part of.

For a few moments
breathing differently,
looking closer,
experiencing anew.

In the vastness of the depths
underwater magic takes place.

Even for a moment,
forgetting that our place is above,

where breathing in and out
do not require thinking.
Where the needs
are getting bigger.

Becoming a fish,
compelling admiration,
not exceeding one's own abilities.

Po prostu:

Być.

Być – sobą.

To Be More

Just:

Be.

Be – yourself.

Betonowe raje

Zastanawiała się,
ile dzieci
chowało się za drzewami w sadzie?
Ile piskląt wylęgło się w ogrodzie?

Co zostało?

Ptaki odleciały,
dzieci z wnukami wyjechały.
Nawet wiśnia, która zawsze kwitła,
zaczyna obumierać.

Zrozumiała, że
w życiu wszystko ma swój bieg.

Jedni walczą o naturę,
drudzy tylko udają, że to robią.

Są też tacy,
którzy kochają betonowe raje
– nie pozwalają żyć przyrodzie.

Dla nich mieć

– to więcej niż być.

Concrete Paradises

She wondered
how many children
were hiding behind the trees
in the orchard?
How many chicks have hatched
in the garden?

What's left?

The birds flew away,
the children left with their grandchildren.
Even the cherry tree that always bloomed
begins to die back.

She understood that
everything in life has its course.

Some fight for nature,
others just pretend to do it.

There are also those
who love concrete paradises
– they do not let nature live.

For them, to have

– is more than to be.

Błędy

Wiara w to, że pełnoletniość
pomaga,
była pomyłką.

Ubrani a jednak nadzy,
każdego dnia
próbujemy uczyć się tego,
co powinniśmy znać.
Codzienne nowe wyzwania.

Pozornie
przygotowani do życia,
w pogodę i niepogodę
- brniemy dalej.

Świat
własnych błędów, porażek i sukcesów
może mieć słodko – gorzki smak.

Nie jest kopią,

tylko sumą naszych decyzji.

- Jest nasz.

Mistakes

Believing that adulthood
helps
was a mistake.

Dressed, yet naked,
every day
we try to learn
what we should know.
Daily new challenges.

Seemingly
prepared for life,
in serenity and agitation
– we keep going.

The world
of its own mistakes, failures and successes
can have a bittersweet taste,

but
it is not a copy,

but the sum of our decisions.

It's ours.

Rozsądek

Ile razy ze zdziwieniem patrzymy
na świty, zmroki?
Z nadzieją na blaski,
podążamy dalej.

Ile razy ze zdziwieniem patrzymy
na człowieka?
Nagle stał się sprzedajny,
jak
papierowy pieniądz
przydatny innym.

Nie dziwią nas zwierzęta
– wciąż mają takie same potrzeby.

Ile razy czekamy na to,
co rozgoni nienawiść?

Nie wiemy, jak to nazwać.

Może dobro?

Może rozsądek?

A może tak zwyczajnie

– tolerancja?

Ludzie są różni,
inność nie powinna
nawoływać
do polowań na Człowieka.

Reason

How many times do we look with amazement
at the dawns, dusks?
In hope of the glow,
we go further.

How many times do we look with amazement
at a human?
They suddenly became a sell-out,
like paper money
useful to others.

We are not surprised by animals
– they still have the same needs.

How many times do we wait for
something that will break up hatred?

We do not know what to call it.

Maybe good?

Maybe reason?

Or maybe just

– tolerance?

People are different,
disaccord should not
call for
a Human-hunt.

Cokół

Przecież
można jak księżyc
świecić światłem odbitym.
Jednak lepiej mieć własną moc.

Być jasnością czy odblaskiem?

Sobą?
A może cokołem?

Cieniom nie stawia się pomników.

Znikają.

Pedestal

After all
like the moon
you can shine with reflected light.
However, it's better to have your own
power.

To be the brightness or the reflection?

To be yourself?
Or maybe a pedestal?

No shadows have monuments erected.

They disappear.

Rysy

Chcąc zyskać zaufanie,
przybierają sztuczne twarze,
wyimaginowana rzeczywistość
pozwala przetrwać.

Jednak po czasie
widzimy,
że plastikowi ludzie
przestają już zachwycać

– mają rysy.

Scratches

Wishing to gain trust,
they take on artificial faces,
mythical reality
allows to survive.

However, after a while
we see that
plastic people
no longer delight

– they have scratches.

Triada

Pomiędzy wielolistnymi gałęziami
– już tylko dla potomnych –
skryta triada
wyrzeźbionych słów:

proszę,
dziękuję,
przepraszam.

Na co dzień widzimy emotikony.
Serduszka, kwiatuszki
i brak zrozumienia.

Ekran monitora
staje się rzeczywistym światem
homo sapiens.

Triad

Between the multifoliate branches
– only for the descendants –
a hidden triad
of sculpted words:

please,
thank you,
sorry.

Every day we see emoticons.
Hearts, flowers
and lack of understanding.

A monitor screen
becomes the real world
of homo sapiens.

Sieć

Bezinternetowy czas
miał inny wymiar.

Skazani na samotność w sieci
próbują
znaleźć zrozumienie
u ludzi
– czasem nawet bez twarzy.
Wystarczy kilka miłych zdań,
już wzrasta ufność do

– kobiety?
– mężczyzny?
– do zapisanych słów?

Skazani na samotność w sieci,
wierzą w to, co widzą na ekranie.

Kliknięcie –
nie jestem robotem
– to jedyne sprawdzenie tożsamości.

Gdzie te chwile,
gdzie bez maszyn

– Człowiek rozumiał Człowieka?

Web

The offline time
had a different measurement.

Condemned to loneliness on the Web,
they try
to find understanding
with people sometimes even without faces.
Just a few nice sentences,
enough to increase confidence in

– a woman?
– a man?
– the written words?

Condemned to loneliness on the Web,
they believe what they see on the screen.

Clicking –
I am not a robot
– is the only identity check.

Where are the moments
where without machines

– a Human understood a Human?

Przełamanie

Czasem coś jest tylko
wyobrażeniem
miłości, piękna, dobra.
Tak odczuwamy.

Rzeczywistość przełamuje iluzję,
pozostają braki,
niedosyt i poszukiwanie.

Breaking

Sometimes something is just
an image
of love, beauty and goodness.
We feel so.

Reality breaks the illusion,
remain shortcomings, shortages,
and seeking.

Dopóki czas

Wokół każdego
jest to,
czego nie można pojąć.

Lekarz – diagnoza – prognoza!

Niewytłumaczalne zło,
które niekiedy chce zabrać przyszłość.

Zaczyna drążyć,
coraz głębiej.

Dopóki czas pozwala
przeciwstawić się wrogowi
- nadzieją i miłością próbujemy
pokonywać złe wyroki.

A życiowe wartości?

Najważniejsze jest być.

As Long as Time

Around everyone
is something
that cannot be took in.

Doctor—diagnosis—prognosis!

An inexplicable evil
that sometimes wants to take away the future.

It begins to drill down,
deeper and deeper.

As long as time allows
to oppose the enemy
- with hope and love we try
to overcome bad judgments.

And the values of life?

It is more important to be than to have.

Próg

Ubodzy milionerzy
są jak woda w suchej rzece,
rozbite szkło,
bezlistne drzewa.

Ubodzy,
bezdzietni milionerzy
na skraju życia
adoptują spadkobierców.

Przekraczają próg ciemności
z nadzieją, że
Made in Japan przetrwa.

Przed końcem rozumieją,
że są zarazem
bogaczami i żebrakami

– żyli po to, by pracować.

Spełniali pragnienia
miłością do pracy.

Wszystko inne

przekładali
– na później.

Brink

Poor millionaires
are like water in a dry river,
broken glass,
leafless trees.

Poor,
childless millionaires
on the verge of life
adopt heirs.

They cross the brink of darkness
in the hope that
Made in Japan will survive.

Before the end they understand
that they are both
rich and beggars,

– they lived to work.

They fulfilled their desires
with the love to work.

Everything else

they postponed
– *for later*.

Żal

Starość
może nigdy się nie przydarzyć,
ma szansę nadejść.

W czasach,
w których tempo życia
jest coraz szybsze
młodość może zostać
przepracowana
zamiast przeżyta.
Wymknie się,
zostawiając niedosyt
i żal.

Tak wiele,
tak bardzo wiele
straconych chwil.

Grief

Old age
may never chance,
it has a chance
to come around.

In the times
when the pace of life
is getting faster
youth can be
overworked
instead of outlived.
It slips away,
leaving insufficiency
and grief.

So many,
very many
lost moments.

Na sygnale

Profesor Jolancie Misiewicz

Wciąż nie może uwierzyć.
że teraz dostępny dla niej świat
– to otwarte okno i pustka.
Swoje przeżycia obnaża
przed samą sobą.

Sąsiada mało interesuje jej los,
przechodzień nie dojrzy
uwięzionej na szóstym piętrze
samotności.
Znana i nieznana,
teraz jest jak powietrze.

Tylko kiedy na sygnale przyjeżdżają po nią,
przez nieszczelne drzwi słychać szepty:

– Jeszcze żyje. Jak ona się męczy.

Szkoda, że gdy potrzebowała chleba,
nikt nie słyszał jej głodu.

With the Siren

To professor Jolanta Misiewicz

She still cannot believe it.
that the world available to her now
– is an open window and emptiness.
She bares her experiences
to herself.

The neighbor is not very interested
in her fate,
a bystander will not see
imprisoned on the sixth floor
solitude.
Known and unknown,
now it is like the air.

Only when they arrive for her with the siren,
whispers are heard through the leaky door:
– *She's still alive. She's so fatigued.*

It is a pity that when she needed bread,
no one heard her hunger.

Normalność

Obojętniejemy
na człowieka obok nas.
Nie zauważamy,
że ktoś
tylko udaje silnego.

Z kieszeniami pełnymi
niezałatwionych spraw,
pragnień i niepewności,
może też często
przybieramy maski?

Z nadzieją oczekujemy,
że nie zostaniemy sami,

wypatrujemy
– normalności
w nienormalności.

Normality

We become indifferent
to the human next to us.
We do not notice
that someone
only pretends to be strong.

With pockets full of
unfinished business,
desires and uncertainties,
maybe we also often
wear masks?

With hope we expect
that we will not be alone,

we look out for
– normality
in abnormality.

Turkus

Naszym oczom
potrzebne są widoki.

Ciału – odczucia.

Umysłowi –
odskocznia od trawionej codzienności.

Praca – dom, dom – praca.

Kiedyś trzeba powiedzieć:

wystarczy.

Gdzie skryła się radość?
Pomiędzy sensem a bezsensem życia?

Trzeba odsłonić
dawno utracony raj.

Tak daleko i zarazem tak blisko
można odmierzać czas
przypływami i odpływami
turkusu.

Żyć, żyć
choćby po to,

by przywrócić sens.

Turquoise

Our eyes
need sight.

Body – feelings.

Mind –
a treat from everyday life.

Work – home, home – work.

Someday one must say:

enough.

Where has joy hidden?
Between the sense and nonsense of life?

A long lost paradise
needs to be revealed.

So far and at the same time so close
time can be measured
with the high and low tides
of turquoise.

To live, live
to at least

restore the meaning.

Karma

Nieulepieni na podobieństwo innych:
– nie gorsi,
– nie głupsi,

– a może mądrzejsi?

Właśnie tacy
wybierają drogę
do piękna w ogrodzie życia.

Nie ci,
którzy wiedzą
gdzie jest dobro, a gdzie zło

lecz ci,
– którzy karmią dobrem

dotrą najdalej.

Karma

Molded not in the image of others:
– not worse,
– not more foolish,

– or maybe smarter?

These are the ones
who choose the path
to the beauty in the garden of life.

Not those
who know
where the good is, and
where the evil is

but those
who feed with good

will gain the furthest.

Kryształowe schody

Profesor Bogumile Roubie

A gdyby
Memling namalował inaczej?
Gdyby były kamienne?
Cóż wtedy wyróżniałoby Sąd Ostateczny?

Tu gdzie piekło –
jest tylko goła ziemia.
I choć diabeł ma skrzydła motyla
czy ćmy, trzyma
rozświetlającą pochodnię,
czy jest ubrany w futro,
ma ryjek dzikiej świni
albo twarz małpy,
to nic nie zmieni.

Tam,
wysoko w górę,
idą tylko ci,
którzy nie przybierają masek.
Tę świetlistą drogę mogą pokonać
w czystości
– kryształowych schodów.

Crystal Stairs

To Professor Bogumila Rouba

What if
Memling painted them differently?
What if they were stone?
What would distinguish The Last Judgment then?

Where hell is –
is just bare ground.
And while the devil has wings of a butterfly
or a moth, holds
a brightening torch,
is dressed in fur,
has a snout of a wild pig
or a face of a monkey,
it will not make a difference.

There,
high up,
go only those
who do not take on masks.
This fulgent path they can overcome
in the purity
– of the crystal stairs.

Nuty

Redaktor Kindze Młynarskiej

Nutom jest potrzebna pięciolinia,
ciszy nie.
– Ona
nie oczekuje uporządkowania
– to czas na zadumę, zdziwienie,
przymknięcie oczu
– przywołanie świata
by doznawać go w spokoju.

Poezja jest najpiękniejsza
bez orkiestry szeptów, szelestów
– otulona w zamyślenie.

Notes

To Editor Kinga Młynarska

Notes need a staff,
not silence.
– It
doesn't expect order
– it is a time for reflection,
astonishment,
closing your eyes
– hailing the world
to experience it in peace.

Poetry is most beautiful
without an orchestra of whispers,
rustles
– swathed in thoughtfulness.

Chcę mojej poezji

W zaklętych liniach
kilka skalistych znaków.

Nieożywiona sfera słów
może być żywa
w nas,

a może tylko we mnie?

Pozostawi nieuchwytny,
a jednak trwały,
zalążek słów i niedopowiedzeń.

W mojej poezji
chcę uchwycić
cząstkę świata zastanego,
tego z opowiadań,
ale też iluzji o tym,
że wszyscy są
rozumni i tolerancyjni.

Może poezja
potrafi poruszyć
kamienne serca
– nieczułoczujących
– głuchosłyszących
– niewidomowidzących?

I Want My Poetry

In the accursed lines
a few rocky characters.

The lifeless sphere of words
can be alive
in us,

or perhaps only in me?

It will leave behind an elusive,
but permanent,
germ of words and understatements.

In my poetry
I want to capture
a part of the existing world,
that of the stories,
but also of the illusion
that everyone is
rational and tolerant.

Maybe poetry
will help move
the stone hearts
– of the insensitive-sentient
– of the deaf-hearing
– of the blind-seeing?

Takich,
którzy mogą zrobić coś,
a robią

– Nic!

To Be More

Those
who can do something
and do

– Nothing!

Eliza Segiet

Epilogue

o Autorze . . .

Eliza Segiet: magister filozofii, ukończyła podyplomowe studia z zakresu wiedzy o kulturze, filozofii, sztuki i literatury na Uniwersytecie Jagiellońskim. Jest członkiem Stowarzyszenia Autorów Polskich (SAP), Związku Literatów Polskich (ZLP) oraz NWNU – Związku Pisarzy Świata.

about the Author . . .

Eliza Segiet: Master's Degree in Philosophy, completed postgraduate studies in Cultural Knowledge, Philosophy, Arts and Literature at Jagiellonian University. She is a member of The Association of Polish Writers, Polish Writers' Association (ZLP) and The NWNU - Union of Writers of the World.

Eliza Segiet's

Artistic Achievements

&

Publications

Jej wiersze *Pytania* i *Morze mgieł* zdobyły tytuł Międzynarodowej Publikacji Roku 2017 i Roku 2018 w Spillwords Press.

Laureatka konkursu **Tra le parole e l'infinito - Between Words and Infinity** (Włochy, 2018 r.) za prozę *Oficerki*.

Za tom *Magnetyczni* otrzymała literacką nagrodę **Złotej Róży im. Jarosława Zielińskiego** (Polska 2019 r.).

Jej wiersz *Morze mgieł* został uznany przez *International Poetry Press Publication* (Kanada) za jeden ze stu najlepszych wierszy 2018 roku.

W Poet's Yearbook jako autorka *Morza mgieł* została uhonorowana prestiżową nagrodą *Elite Writer's Status Award* jako jeden z najlepszych poetów 2019 roku.

Otrzymała nagrodę *World Poetic Star Award* od World Nations Writers Union – największego na świecie Związku Pisarzy z Kazachstanu (sierpień 2019 r.).

We wrześniu 2019 została laureatką I miejsca w kategorii Poezja Zagraniczna – w Konkursie

Quando È la Vita ad Invitare za wiersz *Być sobą* (Włochy).

Jej wiersz *Rozkaz* z tomu *Nieparzyści* został wybrany jako jeden ze 100 najlepszych wierszy 2019 roku w International Poetry Press Publications (Kanada).

Nominowana do nagrody *Pushcart Prize* (2019 r.). Nominowana do *iWoman Global Awards* (2020 r.). Laureatka **Nagrody Literackiej Naji Naaman 2020 r.**

Laureatka **International Award Paragon of Hope** (2020 r.).

Otrzymała certyfikat uznania od *Gujarat Sahitya Academy* i *Motivational Strips* za doskonałość literacką na poziomie światowych standardów (2020 r.).

Tytuł **The Most Outstanding Of 2020** w Ameryce Środkowej.

Laureatka Nagrody **World Award 2020 Cesar Vallejo** for Literary Excellence.

Jej wiersz *Panika* nominowany do tytułu *Międzynarodowa Publikacja Roku* w Spillwordes Press (styczeń 2021).

Otrzymała tytuł **Literoma Nari Samman 2021**r. Teksty poetki można znaleźć w antologiach, osobnych książkach i czasopismach literackich na całym świecie.

Dorobek artystyczny:

tomy wierszy:
Romans z sobą (Sowello 2013),
Myślne miraże (Miniatura 2014, II wyd. Sowello 2017),

Chmurność (Signo 2016),
Magnetyczni (Sowello 2018),
Magnetic People (Inner Child Press, USA, 2018),
Nieparzyści (Psychoskok 2019),
Unpaired (Inner Child Press USA. 2019),
Bardziej być (Psychoskok 2020);

monodram:
Prześwity (Signo 2015);

farsa:
Tandem (Signo 2017);

proza:

Bezgłośni (Psychoskok 2019);

Zmyślenia (Psychoskok 2020).

Her poems *Questions* and *Sea of Mists* won the title of the International Publication of the Year 2017 and 2018 in Spillwords Press.

Laureate of ***Tra le parole e l'infinito* Contest – *Between Words and Infinity*** (Italy, 2018) for prose *Jackboots.*

For her volume of *Magnetic People* she won a literary award of a **Golden Rose named after Jaroslaw Zielinski** (Poland 2019 r.). Her poem The *Sea of Mists* was chosen as one of the best one hundred poems of 2018 by *International Poetry Press Publication* (Canada).

In Poet's Yearbook, as the author of *Sea of Mists*, she was awarded with the prestigious Elite Writer's Status Award as one of the best poets of 2019 (July 2019).

She was awarded *World Poetic Star Award* by World Nations Writers Union – the world's largest Writers' Union from Kazakhstan (August 2019).

In September 2019 she was 1ˢᵗ Place Laureate (Foreign Poetry category) – in Contest *Quando È la Vita ad Invitare* for poem *Be Yourself* (Italy).

Her poem *Order* from volume *Unpaired* was selected as one of the 100 best poems of 2019 in International Poetry Press Publications (Canada).

Nominated for the *Pushcart Prize* 2019.

Nominated for the *iWoman Global Awards* (2020).

Laureate **Naji Naaman Literary Prize 2020.**

Laureate **International Award Paragon of Hope** (2020).

She received certificate of appreciation from *Gujarat Sahitya Academy* and *Motivational Strips* for literary excellence par with global standards (2020).

Title **The Most Outstanding Of 2020** in Central America.
Laureate **World Award 2020 Cesar Vallejo** for Literary Excellence.

Nominated for the title Publication of the Year 2020 in Spillwords Press for poem *Panic*
She received the title of **Literoma Nari Samman** *2021.*

Author's works can be found in anthologies, separate books and literary magazines worldwide.

Publications:

Poetry Collections:

Romance with Oneself [pol. *Romans z sobą*] (Sowello 2013),
Mental Mirages [pol. *Myślne miraże*] (Miniatura 2014, 2nd Edition: Sowello 2017),
Cloudiness [pol. *Chmurność*] (Signo 2016),
Magnetyczni (Sowello 2018),

Magnetic People (Inner Child Press, USA, 2018),
Unpaired [pol. *Nieparzyści*] (Psychoskok 2019);
Unpaired (Inner Child Press USA. 2019),
To Be More [pol.*Bardziej być*](Psychoskok, 2020).

Monodrama:
Clearances [pol. *Prześwity*] (Signo 2015).

Farce:
Tandem (Signo 2017).

Prose:
Voiceless [pol. *Bezgłośni*] (Psychoskok 2019),
Fabricate [pol. *Zmyślenia* (Psychoskok 2020).

Inner Child Press

Inner Child Press is a publishing company founded and operated by writers. Our personal publishing experiences provide us an intimate understanding of the sometimes-daunting challenges writers, new and seasoned may face in the business of publishing and marketing their creative "Written Work".

For more information

Inner Child Press

www.innerchildpress.com

intouch@innerchildpress.com

Inner Child Press International

'building bridges of cultural understanding'

202 Wiltree Court, State College, Pennsylvania 16801

www.innerchildpress.com

www.ingramcontent.com/pod-product-compliance
Lightning Source LLC
Chambersburg PA
CBHW051720090426
42738CB00010B/2009